www.tredition.de

Hermann Meindl

Die Guyabano-Frucht und ihre Wirkungsweise

Krebs mag keine Guyabano-Produkte

Impressum:

© 2020 Hermann Meindl

Autor: Hermann Meindl, Rosenweg 5A, 92720 Schwarzenbach

Umschlaggestaltung, Illustration: Hermann Meindl, Rosenweg 5A, 92720 Schwarzenbach

Lektorat, Korrektorat: Paul Kaiser, Rote-Kreuz-Str. 1, 93133 Burglengenfeld

Verlag & Druck: tradition GmbH, Halenreie 40-44, 22359 Hamburg

Bibliografische Information der Deutschen Nationalbibliothek:

Die Deutsche Nationalbibliothek verzeichnet diese Publikation in der Deutschen Nationalbibliografie; detaillierte bibliografische Daten sind im Internet über http://dnb.d-nb.de abrufbar.

VITCELLA

GUYABANO - FRUCHT UND IHRE WIRKUNGSWEISE

Inhaltsverzeichnis

KAPITEL EINS

Einführung.

Wenn Sie gebeten würden, Ihre Lieblingsfrüchte aufzulisten, welche wären dann auf Ihrer Liste? Höchstwahrscheinlich werden Sie alle die beliebtesten wie Mangos, Bananen, Äpfel, Orangen, Ananas usw. aufschreiben. Es ist nichts Falsches daran, wenn dies Ihre Favoriten sind, da sie köstlich und nahrhaft sind. Zudem sind sie allgemein in den Märkten zu jederzeit verfügbar. Hier ist eine andere Frage. Haben Sie Guyabano als eine Ihrer Lieblingsfrüchte übersehen? Wenn nein, bedeutet dies, dass Sie zu den Menschen gehören, die die Freude am Essen von Guyabano bereits entdeckt haben. Heilpflanzen wie Guyabano gelten weltweit als Grundlage für die Erhaltung und Pflege der Gesundheit.

Chronisch degenerative Erkrankungen (Diabetes, Herz-Kreislauf und Krebs) haben epidemische Ausmaße erreicht und gelten als ernstes Gesundheitsproblem. Daher sind die Behandlungen dieser Krankheiten von klinischer Bedeutung. Über die medizinische Verwendung der Familie der Annonaceae wurde schon vor langer Zeit berichtet, und seitdem hat diese Art aufgrund ihrer Bioaktivität und Toxizität die Aufmerksamkeit auf sich gezogen. Guyabano (Graviola) ist ein kleiner tropischer immergrüner Laubobstbaum, der zur Familie der Annonaceae gehört und ist verbreitet in tropischen und subtropischen Regionen auf der ganzen Welt.

Die Guyabano findet vielfältige Verwendung: die Früchte werden häufig als Süßwaren für Lebensmittel verwendet, während verschiedene Zubereitungen, insbesondere Abkochungen von Rinde, Früchten, Blättern, Perikarp, Samen und Wurzeln, in der traditionellen Medizin in großem Umfang zur Behandlung mehrerer Krankheiten verwendet wurden und werden. Ein gutes Beispiel hierfür ist unter anderem der weltweite Einsatz bei Krebserkrankungen. In diesem Buch wird ausführlich über die Auswirkungen von Guyabano-Früchten auf die menschliche Gesundheit gesprochen. Wenn Sie diese köstlich gesunde Frucht noch nicht probiert haben, lesen Sie weiter um mehr über Guyabano und seine zahlreichen gesundheitlichen Vorteile zu erfahren.

Die Guyabano – was für eine Frucht ist das eigentlich?

Guyabano ist in verschiedenen Ländern der Welt als Guabano, Soursop, Spiked Cannon, Graviola, Guanabana, Anona, Catoche, Zuurzak, Mang Cau Xiem oder Guyabano bekannt. Diese stachelige grüne Frucht hat eine cremige Textur und einen starken Geschmack, der oft mit Ananas oder Erdbeere verglichen wird. Guyabano wird normalerweise roh gegessen, indem die Frucht halbiert und das Fruchtfleisch herausgeschöpft wird. Die Früchte können eine Größe von bis zu 40cm erreichen. Daher ist es möglicherweise am besten, sie in einige Portionen zu teilen. Das Fruchtgewicht variiert zwischen 500g und 4kg, was weitgehend vom Ausmaß der Bestäubung und Befruchtung abhängt.

Eine normale Guyabano-Frucht ist im Allgemeinen herzförmig. Wenn jedoch eine schlechte Bestäubung vorliegt oder sich unbefruchtete Zellen nicht entwickeln, nimmt die resultierende Frucht unregelmäßige Formen an und ist normalerweise zu klein. Hochwertige Guyabano-Früchte können jedoch online im VITCELLA-Online-Shop (https://www.vitcella.de) gekauft werden. Hier bekommen Sie 100% natürliche Guyabano-Produkte ohne jegliche Zusatz- und Konservierungsstoffe. Außerdem erhalten Sie 3% Rabatt, wenn Sie in diesem Online-Shop mit dem Gutscheincode TVOGCPCQROZ8 einkaufen. Interessanterweise werden viele Teile der Guyabano-Frucht medizinisch verwendet, einschließlich der Blätter, Früchte und Stängel. Es wird auch zum Kochen verwendet und kann sogar auf die Haut aufgetragen werden.

Guyabano-Früchte werden bei voller Reife geerntet und sind dann gelblichgrün. Die reifen Früchte werden normalerweise frisch als Dessert oder Snack verzehrt. Weniger saure und faserarme Linien können nach dem Schneiden in Abschnitten und mit einem Löffel frisch gegessen werden. Die reife Frucht verhindert auch Skorbut, während die unreife Frucht bei Ruhr verwendet werden kann und adstringierende Eigenschaften hat. Die Haut ist mit hervorstehenden weichen, länglichen, gebogenen und weichen Stacheln bedeckt, die leicht reißen, wenn die Frucht vollreif ist. Die cremefarbene Innenfläche der Haut ist körnig und trennt sich leicht vom Fleisch. Guyabano-Früchte sind reich an Fruktose, den Vitaminen C, B1 und B2, Kalium, Magnesium, Thiamin, Kupfer, Niacin, Folsäure, Eisen, Riboflavin und Ballaststoffen, was sie zu einem gesunden Lebensmittel macht.

Kurze Geschichte der Entdeckung von Guyabano?

Guyabano stammte aus dem zentralamerikanischen Tiefland und wurde 1526 vom spanischen Historiker Gonzalo Fernandez de Oviedo y Valdes dokumentiert. Der Historiker und andere spanische Entdecker waren für die weltweite Verbreitung der Früchte verantwortlich. Sie ist heute auf Bermuda und den Bahamas zu finden und wächst sowohl wild als auch kultiviert, im Flachland und in Höhen bis zu 1.150 m über dem Meeresspiegel. Sie ist mittlerweile in vielen Teilen der Welt beheimatet, unter anderem in Westindien, Südostasien und von Mexiko bis Peru und Argentinien. Guyabano-Früchte waren einer der ersten Obstbäume, die von Amerika in die Tropen der Alten Welt gebracht wurden, wo sie von Südostchina nach Australien und in das warme Tiefland Ost- und Westafrikas weit verbreitet sind.

In Südvietnam wurden sehr große, symmetrische Früchte zum Verkauf angeboten. Dieser hat sich früh auf den Pazifikinseln gut etabliert. Der Baum wurde erfolgreich aufgezogen, hat aber in Israel nie Früchte getragen. In Regionen, in denen süße Früchte bevorzugt werden, wie in Südindien und Guam, erfreut sich der Guyabano großer Beliebtheit. Er wird in Madras nur in begrenztem Umfang angebaut. In Ostindien wurde die Guyabano jedoch als eine der besten lokalen Früchte anerkannt. Auch auf Hawaii wird das Obst gerne verkauft und die Nachfrage übersteigt regelmäßig das Angebot.

Guyabano wächst seit langer Zeit auch in Florida und wurde 1879 von der American Pomological Society als Florida-Frucht aufgeführt. Mittlerweile ist die Guyabano-Frucht hier in fast jedem Garten heimisch geworden. Sie ist eine der am häufigsten vorkommenden Früchte in der Dominikanischen Republik und eine der beliebtesten in Kuba, Puerto Rico, den Bahamas, Kolumbien und im Nordosten Brasiliens. 1887 verkauften kubanische Kaufleute in Key West, Florida, Guyabanos für 10 bis 50 Cent pro Stück.

In früheren Zeiten verwendeten indigene Amazonas-Regenwaldstämme und andere Menschen in anderen Teilen der Welt die Blätter als Tee zur Verringerung der Schwellung der Schleimhaut und als Lösung zur Behandlung von Lebererkrankungen. Sie konsumierten auch viele andere Regenwaldpflanzen, die das Immunsystem unterstützen. In den indigenen Gemeinschaften gibt es sehr niedrige Krebsraten jeglicher Art, insbesondere in den heutigen, bei denen diese Pflanzen und alten Kräuterformeln noch verwendet werden. Es ist allgemein bekannt, dass die Blätter des Guyabano-Baums reich an Verbindungen sind, die eine gesunde

Zellteilung fördern können. Dies bedeutet, dass Guyabano spezifisch für die Unterstützung des Immunsystems und für die Beseitigung abnormalen Zell- und Gewebewachstums ist.

Da wir bereits wissen, dass Guyabano (Graviola) Früchte normalerweise oval oder herzförmig sind, kann sie manchmal eine unregelmäßige Form haben, insbesondere aufgrund von Problemen mit Insekten für die Dauer der Entwicklung. Auf dem ersten internationalen Kongress der Agrar- und Lebensmittelindustrie der tropischen und subtropischen Zonen im Jahr 1964 präsentierten Wissenschaftler der Forschungslabors für Nestle-Produkte in Vevey, Schweiz, eine Bewertung weniger bekannter tropischer Früchte und zitierten die Guave, Guyabano, und Passionsfrucht als die drei vielversprechendsten für den europäischen Markt, aufgrund ihrer besonderen aromatischen Eigenschaften und ihrer Eignung für die Verarbeitung in Form von konserviertem Fruchtfleisch, Nektar und Gelee.

Der Zweck der Frucht

Wenn Menschen gesundheitsbewusster werden, ist eine gesunde Ernährung ohne grünes Gemüse und frisches Obst unvollständig. Die Beeren, Karotten und Blattkohl waren ein wesentlicher Bestandteil Ihrer regelmäßigen, gesunden Ernährung. Es ist Zeit herauszufinden, was die Guyabano-Frucht, die beliebte grüne Frucht, hauptsächlich für Ihre Gesundheit tun kann. Die Frucht ist fleischig mit dem weißen, cremigen Fruchtfleisch, so dass die Frucht in Eiscreme und Desserts verwendet werden kann, um den köstlichen Geschmack hinzuzufügen. Das Fruchtfleisch enthält schwarze Samen und die grüne äußere Hülle der Frucht ist hart und dornig. Die Blätter werden oft als Kräuter zur Heilung verschiedener Krankheiten verwendet.

Guyabano-Früchte werden seit vielen Jahren sicher als pflanzliches Heilmittel gegen verschiedene Krankheiten eingesetzt. Untersuchungen haben ergeben, dass die antitumorösen Acetogenine nur für Krebszellen und nicht für gesunde Zellen selektiv toxisch sind - und zwar in winzigen Mengen. Leber- und Brustkrebs sind einige der zerstörerischen Arten von Krankheitszuständen, die der Menschheit in der heutigen Zeit bekannt sind. Guyabano ist bekanntermaßen vorteilhaft, wenn es in der richtigen Dosis und für die richtige Dauer angewendet wird. Dies ist aus der Tatsache ersichtlich, dass es zur Behandlung von Krebsarten vor allem dann verwendet wurde, wenn eine konventionelle Chemotherapie unwirksam ist, oder alternativ, wenn es aufgrund der schwerwiegenden Nebenwirkungen nicht möglich ist, die Therapie fortzusetzen.

Heute wird Guyabano in den USA und in Europa als beliebte ergänzende natürliche Krebstherapie verkauft. Diese Verwendung ist auf veröffentlichte Forschungen zu Guyabano und seinen natürlich vorkommenden Chemikalien zurückzuführen, die Antikrebswirkungen besitzen, und nicht auf die in Südamerika etablierten traditionellen Verwendungen. An diesen wichtigen Annona-Pflanzen und Pflanzenchemikalien wird derzeit Krebsforschung betrieben, da mehrere Pharmaunternehmen und Universitäten weiterhin forschen, testen, patentieren und versuchen, diese Chemikalien zu neuen Chemotherapeutika zu synthetisieren. Tatsächlich scheint Guyabano den gleichen Weg zu gehen wie ein anderes bekanntes Krebsmedikament - Paclitaxel.

Die Samen dieser fleischigen Frucht, die emetische Eigenschaften haben, sind ein starker Kämpfer, der Übelkeit und Erbrechen verhindert. Es ist nicht nur die Frucht, die Sie effektiv nutzen können, auch die Blätter verfügen über eine äußerst große Wirkung auf die menschliche Gesundheit. Wenn Sie die Blätter zu einer Mischung zusammenfügen, tragen Sie sie auf die Kopfhaut auf. Sie können Läuse reduzieren und die Wurzeln Ihrer Locken stärken. Wenn Sie an einer Wunde leiden, können die frischen, zerdrückten Blätter als Heilmittel für die natürliche Behandlung dienen. Wenn die Notwendigkeit frische Früchte in unsere Ernährung aufzunehmen, mit jedem Tag zunimmt, möchte man dies oft auch in Form eines Fruchtsaftes tun, anstatt Früchte zu kauen.

Wie wir bereits gesagt haben, ist die Guyabano-Frucht ein wirksames Mittel gegen Arthritis und Lebererkrankungen. Wenn Sie den Fruchtsaft zu sich nehmen, kann dieser bei der Behandlung von Arthritis helfen. Darüber hinaus können eine Vielzahl von Muskeln unterstützt werden. Wir nutzen unsere Muskeln ständig, auch wenn wir es nicht wissen. Daher ist es wichtig, dass sie die Unterstützung haben, die sie benötigen. Guyabano-Früchte enthalten Kalium und Kalzium, die beide zur Aufrechterhaltung einer normalen Muskelfunktion beitragen.

KAPITEL ZWEI

Die gesundheitlichen Vorteile, Wissenschaft und das Wachstum von Guyabano-Früchten

Die Geschichte sagt uns, dass es Hippokrates war, der zuerst die Idee einführte, Lebensmittel als Medizin zu verwenden, aber definitiv nicht der erste, der daran dachte. Frühere Aufzeichnungen haben gezeigt, dass der Mensch das Kopfgeld der Natur nicht nur zur Ernährung, sondern auch zu Behandlungszwecken verwendet. Vielleicht hatte die Menschheit immer gewusst, dass das Geheimnis für eine bessere Gesundheit in der Nahrung liegt, die sie konsumieren. Dank dieses Nuggets an Weisheit suchten die Menschen weiterhin nach medizinischen Lösungen in der Natur. Wir haben im Laufe der Jahre sicherlich viel gelernt, aber dank moderner Technologie haben wir tiefer gegraben und mehr potenzielle Heilmittel für einige der tödlichsten Krankheiten der Welt entdeckt.

Eines der vielen medizinischen Wunder der Natur ist die Guyabano-Frucht. Es ist schwer zu glauben, dass diese köstliche tropische Frucht als Medizin verwendet werden kann. Sie schmeckt nicht so bitter und unangenehm wie die meisten Pillen und Tabletten. Die Menschheit wurde von der Natur mit zahlreichen lebensverjüngenden und gesundheitsfördernden Früchten gesegnet. Guyabano-Früchte gelten aufgrund ihrer immensen Nützlichkeit als Mehrzweckfrüchte. Viele der berichteten Vorteile von Guyabano-Früchten sind auf den hohen Gehalt an Antioxidantien zurückzuführen. Antioxidantien sind Verbindungen, die dazu beitragen, schädliche Verbindungen, sogenannte freie Radikale, zu neutralisieren, da sie Zellen schädigen können.

Eine Reihe von Verbindungen, die aus Guyabano-Früchten isoliert wurden und als annonaceous Acetogenine bezeichnet werden, wurden im Labor auf ihre Fähigkeit getestet, Krebszellen abzutöten. Der Schwerpunkt lag auf einer bestimmten Art von Krebszelle, die gegen die Wirkung gängiger Chemotherapeutika wie Adriamycin resistent war. Es stellte sich heraus, dass eine der Verbindungen in Guyabano, Bullatacin, die resistenten Krebszellen wirksam abtötete. Ein Stück Guyabano-Obst im VITCELLA-Online-Shop (www.vitcella.de) kostet nur weniger als sieben Euro. Jeder Käufer, der Guyabano-Produkte von VITCELLA unter Verwendung des Gutscheincodes TVOGCPCQROZ8 an der Kasse kauft, erhält 3% Rabatt.

Auf den Niederländischen Antillen werden Guyabano-Früchte bzw. Blätter in den Kissenbezug gelegt oder auf das Bett gestreut, um einen erholsamen Schlaf zu fördern. Guyabano wird als Analgetikum und krampflösend in der Provinz Esmeraldas, Ecuador, eingenommen. In Afrika wird die Guyabano-Frucht Kindern mit Fieber gegeben und als Zusatz für ein Gesundheitsbad angewendet. Ein Abkochen der jungen Triebe oder Blätter wird in Westindien als Heilmittel gegen Gallenblasenprobleme sowie gegen Husten, Katarrh, Durchfall, Ruhr und Verdauungsstörungen angesehen. Es soll auch das Blut „abkühlen" und in der Lage sein, Erbrechen zu stoppen. Ebenso wird davon berichtet, dass es die Entbindung bei einer Geburt unterstützen kann. Das Abkochen von Guyabano Blättern wird auch für feuchte Kompressen bei

Entzündungen und geschwollenen Füßen angewendet. Die gekauten Blätter und Früchte, gemischt mit Speichel, können nach einer Operation auf die Schnitte aufgetragen werden, wodurch die Narbe verschwinden kann. Zerdrückte Guyabano-Früchte werden als Umschlag verwendet, um Ekzeme und andere Hauterkrankungen und Rheuma zu lindern. Der Saft junger Blätter wird bei Hautausschlägen eingesetzt.

Was sagt die Wissenschaft über Guyabano?

Annona muricata ist der wissenschaftliche Name für Guyabano. Diese Pflanze hat einen aufrechten Wuchs mit einem hohen Verhältnis von Höhe zu Durchmesser des Baldachins, obwohl sie dazu neigt, niedrig verzweigt und buschig zu sein, mit umgedrehten Gliedmaßen. Diese Pflanze ist ein kleiner, schlanker, immergrüner Baum. Die Stängel sind rund, rau und von dunkelbrauner Farbe. Die Blüten beginnen sich am frühen Morgen zu öffnen und sind durchgehend. Annona muricate erfährt manchmal eine ineffiziente natürliche Bestäubung (normalerweise durch Käfer), daher ist die Handbestäubung eine wichtige Praxis für die Bewirtschaftung von Obstgärten. Annona-Blüten sind zwittrig; Sowohl weibliche (Fruchtblätter) als auch männliche (Staubblätter) Organe befinden sich in derselben Blüte.

Der weibliche Teil reift jedoch vor dem männlichen, was als Dichogamie vom protogynen Typ bekannt ist. Die natürliche Bestäubung wird hauptsächlich von Insekten wie Coleoptera (Käfer) durchgeführt, ist jedoch in mehreren Ländern unwirksam. In Chile besuchen Insekten selten eine Cherimoya-Blume, was darauf hindeutet, dass die entomophile Bestäubung bei dieser Art nur eine untergeordnete Rolle spielt. Bei Annona-Blüten sollte die Handbestäubung am Morgen, vorzugsweise um 9 Uhr nach dem Sammeln der Pollenspenderblüten, durchgeführt werden. Die Spenderblumen sollten am Endabschnitt des Zweigs gesammelt werden, da diese Blüten im Allgemeinen einen geringen Fruchtansatz aufweisen.

Der Nährstoffgehalt in Guyabano-Früchten

Einer der größten Nährstoffe von Guyabano-Früchten ist die Tatsache, dass sie kalorienarm sind und gleichzeitig jede Menge Vitamine und Mineralien enthalten. Eine 100-Gramm-Portion der

Frucht enthält nur 66 Kalorien, was sie zu einer perfekten fruchtigen Snack-Option für diejenigen macht, die versuchen, Gewicht zu verlieren. 100 Gramm rohes Guyabano liefern auch die folgenden Nährstoffe: Ballaststoffe, Eiweiß, Vitamin C, Kalium, Magnesium und Thiamin. Kleinere Mengen an Eisen, Folsäure, Riboflavin und Niacin sind auch in Guyabano zu finden.

Zu den bisher in Guyabano entdeckten annonaceen Acetogeninen gehören: Annocatalin, Annohexocin, Annomonicin, Annomontacin, Annomuricatin A und B, Annomuricin A bis E, Annomutacin, Annonacin, Annonacinon, Annopentocin A bis C, Cis-Annonacin, Ciscorosson Corepoxylon, Coronin, Corossolin, Corossolon, Donhexocin, Epomuricenin A und B, Gigantetrocin, Gigantetrocin A und B, Gigantetrocinon, Gigantetronenin, Goniothalamicin, Iso-Annonacin, Javoricin, Montanacin, Montecristin, Muricin, Muricin Catenol, Muricatetrocin A und B, Muricatin D, Muricatocin A bis C, Muricin H, Muricin I, Muricoreacin, Murihexocin 3, Murihexocin A bis C, Murihexol, Murisolin, Robustocin, Rolliniastatin 1 & 2, Saba-Delin, Solamin, IVvariamicin I und IV und Xylomaticin.

Nachdem alle diese Verbindungen und Nährstoffe aufgelistet sind, können wir mutig sagen, dass die Guyabano-Frucht unbestreitbar mit nahrhaften Vitaminen und Mineralien gefüllt ist, die für den Körper essentiell sind.

Die Verwendung von Guyabano-Früchten

Guyabano ist am bekanntesten für seine essbaren Früchte. Aus dem Fruchtfleisch werden Sorbets, Eis, Gelees und andere Desserts sowie Getränke hergestellt. Guyabano ist nicht nur ein angenehmer Saft, Smoothie oder Sorbet, sondern kann auch roh verzehrt werden und hat viele medizinische und gesundheitsfördernde Vorteile. Forscher haben herausgefunden, dass die Frucht bösartige Zellen effektiv jagen und abtöten kann, ohne die gesunden Zellen des Körpers bei 12 Krebsarten, einschließlich Lungen-, Dickdarm-, Prostata-, Brust- und Bauchspeicheldrüsenkrebs, zu schädigen.

Guyabano ist einer der neuesten Hot-Arrivals auf dem Block, mit vielen unglaublichen Lebensmitteln, die ihren Weg in die Mainstream-Gesundheitskultur finden. Viele pflanzliche Menschen sind bereits mit der Vielfalt einer veganen Ernährung zufrieden. Das Probieren neuer und unbekannter Lebensmittel kann jedoch eine großartige Möglichkeit sein, Ihren Mahlzeiten frische Ideen und Aromen zu verleihen. Darüber hinaus können diese neuen Inhaltsstoffe einige besondere Vorteile bieten, von denen Sie möglicherweise mehr in Ihrer Ernährung wünschen. Guyabano wird oft als Superfrucht bezeichnet und wird seit langem von traditionellen Kulturen wegen seiner berichteten medizinischen Eigenschaften verwendet. Abgesehen von diesen Anwendungen enthält es auch einige vorteilhafte Nährstoffe, die es noch verlockender machen.

Die Guyabano-Frucht ist für groß angelegte, weltweite kommerzielle Zwecke nur schwer zu produzieren, da die Erträge im Allgemeinen niedrig sind: nur wenige Obstbäume können jedes Jahr nachgezogen werden, wobei jede Früchte durchschnittlich etwas mehr als 1 kg wiegt und reife, feste Früchte nur 3 bis 5 Tage unter normalen Lagerbedingungen haltbar sind. Daher sollten geerntete Früchte unverzüglich auf entfernte Märkte verschickt werden. Obst sollte wegen seiner zarten Haut mit großer Sorgfalt behandelt werden. Und aufgrund des unregelmäßigen Ertrags und der kurzen Haltbarkeit ist die Produktion von Guyabano-Früchten zu verstreut, um eine bedeutende verarbeitende Industrie zu versorgen. Vermutlich ist dies der Grund, warum das in Südostasien wachsende Guyabano in jüngster Zeit nicht überzeugend gewachsen ist und der internationale Handel – mit wenigen Ausnahmen - praktisch auf verarbeitete Produkte beschränkt ist.

Zusätzlich zu seiner Verwendung als Nahrungspflanze werden die Samen und viele Pflanzenteile von Guyabano in der traditionellen Medizin verwendet. Die Guyabano-Frucht wird in der ayurvedischen Medizin als bitteres, tonisches, abortives Mittel gegen Fieber, gegen Skorpionstiche, Bluthochdruck und als Atemstimulans verwendet.

Verwendung von Guyabano-Früchten durch verschiedene Länder

Guyabano-Früchte mit dem geringsten Säuregeschmack und der geringsten faserigen Konsistenz werden in Abschnitte geschnitten und das Fruchtfleisch mit einem Löffel gegessen. Das entkernte Fruchtfleisch kann zerrissen oder in Stücke geschnitten und in Obstbecher oder Salate gegeben oder gekühlt und als Dessert mit Zucker und etwas Milch oder Sahne serviert werden. Guyabano wird seit Jahren in Mexiko in Dosen abgefüllt und in mexikanischen Restaurants in New York und anderen nördlichen Städten serviert. In den Tropen am weitesten verbreitet ist die Herstellung erfrischender Guyabano-Getränke (in Brasilien Champola genannt; in Puerto Rico Karato).

Die Frucht wird in Deutschland auch Guabano genannt und wird mit Hilfe der Marke VITCELLA (www.vitcella.de) immer beliebter. Vitcella ist ein Online-Shop in Deutschland, der Guyabano-Produkte verkauft. Dieser Online-Shop gewährt derzeit 3% Rabatt auf alle Ihre Einkäufe mit diesem GUTSCHEIN-Code: TVOGCPCQROZ8. Guyabano-Früchte können in einem Sieb gepresst oder in ein Käsetuch gepresst werden, um den reichhaltigen, cremigen Saft zu extrahieren, der dann mit Milch oder Wasser geschlagen und gesüßt wird. Oder das ausgesäte Fruchtfleisch kann mit einer gleichen Menge kochendem Wasser gemischt und dann abgesiebt und gesüßt werden. Wenn ein elektrischer Mixer verwendet werden soll, muss zuerst darauf geachtet werden, alle Samen zu entfernen, da sie etwas giftig sind und keiner versehentlich im Saft gemahlen werden sollte.

Der Saft wird in Guatemala als kohlensäurehaltiges Flaschenge-
tränk zubereitet, und in Westindien wird manchmal ein fermen-
tiertes, Apfelwein-ähnliches Getränk hergestellt. Der vakuum-
konzentrierte Saft wird kommerziell auf den Philippinen in Dosen abgefüllt. Dort sind Guyabano-Getränke beliebt, die normale
"Milch" -Farbe jedoch nicht. Die Leute fügen normalerweise rosa
oder grüne Lebensmittelfarbe hinzu, um die Getränke attraktiver
zu machen. Das angespannte Fruchtfleisch soll eine Delikatesse
sein, die mit Wein oder Brandy gemischt und mit Muskatnuss ge-
würzt ist. Guyabano-Saft, eingedickt mit etwas Gelatine, macht
ein angenehmes Dessert. In der Dominikanischen Republik wird
ein Guyabano-Pudding genossen und ein Konfekt hergestellt, indem Guyabona-Früchte in Zuckersirup mit Zimt und Zitronen-
schale gekocht werden. Guyabano-Eis wird in warmen Ländern
üblicherweise in Kühlschrank-Eiswürfelschalen eingefroren.

Auf den Bahamas wird es einfach hergestellt, indem die Früchte in Wasser zerdrückt, stehen gelassen und dann abgesiebt werden, um faseriges Material und Samen zu entfernen. Die Flüssigkeit wird dann mit gesüßter Kondensmilch gemischt, in die Schalen gegossen und unter Gefrieren mehrmals gerührt. Ein reichhaltigeres Produkt wird nach der üblichen Methode hergestellt, bei der eine Eismischung hergestellt und kurz vor dem Einfrieren gesiebte Guyabona-Früchte hinzugefügt werden. Einige Restaurants in Key West haben schon immer Guyabona-Eis serviert, und jetzt hat der Zustrom von Bewohnern aus der Karibik und den lateinamerikanischen Ländern eine starke Nachfrage danach ausgelöst. Das Dosenzellstoff wird aus Mittelamerika und Puerto Rico importiert und zur kommerziellen Herstellung von Eis und Sorbet verwendet. Die Früchte werden auch zur Herstellung von Torten und Gelee, Sirup und Nektar verwendet. Der Sirup wurde in Puerto Rico für den lokalen Gebrauch und Export abgefüllt. Der Nektar wird in Kolumbien in Dosen abgefüllt und in Puerto Rico eingefroren. Er wird frisch zubereitet und in Papierkartons auf den Niederländischen Antillen verkauft. Das abgesiebte, gefrorene Obst wird in philippinischen Supermärkten in Plastiktüten verkauft. Unreife Guyabona werden in Indonesien als Gemüse gekocht oder in Suppen verwendet.

Auswirkungen von Guyabano-Früchten auf Brustkrebs

Brustkrebs ist die häufigste Malignität bei Frauen weltweit und die zweithäufigste Ursache für krebsbedingte Todesfälle in den USA. Von 266.120 Neuerkrankungen an Brustkrebs sind laut Untersuchungen im Jahr 2018 fast 41.000 Frauen in den USA daran gestorben. Obwohl Brustkrebs im Frühstadium behandelbar ist, stehen für fortgeschrittenen Brustkrebs keine vielversprechenden therapeutischen Optionen zur Verfügung. Es besteht ein unmittelbarer Bedarf an neuartigen chemopräventiven und chemotherapeutischen Mitteln, um das Tumorwachstum zu verlangsamen und die damit verbundene Morbidität zu verringern.

Obwohl viele Naturstoffe in vitro getestet wurden, die sich im Vergleich zu kleinen synthetischen Molekülen als wirksam und weniger toxisch erwiesen hatten, wurde die translationale Verwendung immer durch die geringe klinische Wirksamkeit dieser Verbindungen behindert. Jüngste Studien haben jedoch das starke Antitumorpotential von Guyabano-Früchten unter Verwendung von Brustkrebszelllinien gezeigt. Diese Studien zeigten, dass Guyabano das Wachstum von MCF-7-Brustkrebszellen durch Verringerung des Östrogenrezeptors inhibierte. Weitere Berichte zeigten, dass Guyabano-Fruchtextrakt auch die Proliferation und das Wachstum von Xenotransplantat-Tumoren inhibierte.

Auswirkungen von Guyabano auf die Wundbehandlung

Die Wundbehandlung ergibt sich aus der Kommunikation zwischen Zytokinen, Wachstumsfaktoren, Blut, zellulären Elementen und der extrazellulären Matrix. Medizinische Bäume wie Guyabano haben bedeutende Wundbehandlungsprodukte mit hoher Sicherheit und hohem therapeutischem Potenzial bereitgestellt. Das antioxidative Potenzial von Guyabano-Früchten beschleunigte auch den Wundbehandlungsprozess durch Erhöhung der

Katalase-, Glutathionperoxidase- und Superoxiddismutase-Spiegel. Guyabano-Extrakt reduziert auch den Lipidperoxidationsmarker Malondialdehyd deutlich, der für seine schädliche Wirkung auf die für die Wundreparatur wesentlichen Fibroblasten, Endothelzellen und den Kollagenstoffwechsel bekannt ist.

Auswirkungen von Guyabano auf mikrobielle und parasitäre Erkrankungen.

Malaria ist eine verheerende Krankheit, die sowohl tropische als auch subtropische Gebiete betrifft. Antimalariamedikamente haben aufgrund der Parasitenresistenz eine Ineffizienz gezeigt, und daher besteht ein dringender Bedarf, neue Antimalariamittel zu entdecken. Es wurde berichtet, dass Guyabano-Früchte Antimalaria-Eigenschaften besitzen. Antibiotika bleiben die wertvollsten Medikamente zur Bekämpfung von bakteriellen Infektionen, aber es ist bekannt, dass häufig verwendete Antibiotika weniger wirksam geworden sind und die Entwicklung von Bakterien mit Multidrug-Resistenz gefördert haben.

Es besteht daher ein dringender Bedarf, neue Medikamente mit nachweislich bemerkenswerten Rollen bei der Behandlung und Vorbeugung von Infektionen zu erforschen, und es wurde festgestellt, dass Guyabano-Früchte ein breites Wirkungsspektrum gegen Bakterien besitzen, die für Krankheiten und Störungen wie hartnäckigen Durchfall und Harnwegsinfektionen verantwortlich sind , Hautkrankheiten und behandlungsresistente sekundäre Lungenentzündung. Leishmaniose und Trypanosomose sind häufige und tödliche Protozoenerkrankungen. Die Resistenz gegen verfügbare Medikamente ist ein Haupthindernis für die Behandlung von Protozoenerkrankungen. Guyabano-Extrakte wurden an mehreren pathogenen Parasiten auf zytotoxische Aktivität untersucht. Diese Frucht wird häufig zur Behandlung von Infektionen durch Mikroorganismen und Parasiten verwendet, zu denen auch Leishmaniose gehört, eine Krankheit, die durch Sandflöhe übertragen werden kann.

Guyabano Obst und Blutdruck

Laboruntersuchungen haben gezeigt, dass Guyabano blutdrucksenkende Wirkungen haben kann, was bedeutet, dass es zu einem ungewöhnlich niedrigen Blutdruck führen kann. Guyabano kann auch als Vasodilatator verwendet werden (Erweiterung der Blutgefäße, was zu einem niedrigeren Blutdruck führt). Bei der Anwendung von Guyabano ist daher Vorsicht geboten, insbesondere wenn Sie einen niedrigen Blutdruck haben oder wenn Sie blutdrucksenkende Medikamente (blutdrucksenkende Medikamente) einnehmen.

Hoher Blutdruck (Hypertonie) ist ein Hauptrisikofaktor für die Entwicklung von Herz-Kreislauf-Erkrankungen. Guyabano-Früchte können hilfreich sein, um den Blutdruck zu senken. Guyabano kann nützlich sein, um einen hohen Blutdruck zu behandeln, aber seien Sie vorsichtig, wenn Sie einen normalen Blutdruck haben. Ein zu niedriger Blutdruck (Hypotonie) ist nicht gesund und kann sogar gefährlich sein.

Umfassender Nutzen für die Gesundheit von Guyabano-Früchten

Guyabano zeigt nicht nur die Antikrebsaktivitäten, sondern wirkt auch auf viele andere nicht bösartige Krankheiten. Diese teilen viele gemeinsame Signalwege mit dem Krebs. Daher ist es wichtig, die gemeinsamen zugrunde liegenden Wege zu verstehen, die bei menschlichen Krankheiten bewirkt werden, die durch Guyabano-Früchte bei der Entwicklung eines umfassenden und systemischen Therapiesystems gegen menschliche Krankheiten unterstützt werden. Wir verwenden Guyabano-Früchte nicht nur zur

Behandlung von Krebs, sondern können auch zur Bekämpfung von Würmern und Parasiten, zur Abkühlung von Fieber und zur Erhöhung der Muttermilch nach der Geburt eingesetzt werden. Es kann auch bei Durchfall oder Entzündungen im Darm als Trockenmittel eingesetzt werden.

Die in Guyabano-Früchten enthaltenen Samen können zerkleinert und dann gegen innere oder äußere Parasiten und Würmer verwendet werden. Darüber hinaus hat Guyabano wissenschaftlich und traditionell große natürliche Vorteile bewiesen. Es hilft, Fieber, Krämpfe, Herzfrequenz und Blutdruck zu senken. Es hilft auch, Schmerzen, Entzündungen und Asthma zu lindern.

Zuvor haben wir erfahren, dass die Guyabano-Frucht entzündungshemmende Eigenschaften enthält, die bei der Behandlung von Arthritis helfen können. Aber wussten Sie, dass Ihr Darm auch vom Alkaloid- und Chinolongehalt von Guyabano profitieren kann? Diese Komponenten bekämpfen nicht nur Entzündungen, sondern töten auch die in Ihrem Darm lebenden Parasiten ab und behandeln so Schmerzen oder Reizungen im Magen. Darüber hinaus wird die Guyabano-Frucht aufgrund ihres hohen Vitamin C-Gehalts häufig zur Behandlung von Skorbut und Ruhr verwendet.

Laut medizinischen Experten ist Guyabano ein starkes Diuretikum, das durch die Reinigung des Magen-Darm-Trakts dazu beitragen kann, Giftstoffe aus dem Körper zu entfernen. Wie aus einem anderen Bericht hervorgeht, können übermäßige Dosen von oralem Eisen zu Magen-Darm-Problemen führen. Obwohl Guyabano eine Eisenquelle ist, ist der Mineralgehalt in den Früchten nicht so hoch wie in anderen Zutaten - daher ist es unwahrscheinlich, dass es zu Magen-Darm-Beschwerden kommt. Dieselbe Tatsache könnte wiederum zum Nutzen des Einzelnen wirken. Beispielsweise kann eine Person, die an Eisenmangel leidet, anfällig für Anämie sein, von der bekannt ist, dass sie eine Funktionsstörung des Magen-Darm-Systems verursacht. Guyabano ist zwar keine ausgezeichnete Eisenquelle, enthält jedoch Eisen - und kann daher eine gesunde Ergänzung zu einer eisenreichen Ernährung zur Bekämpfung von Anämie (und den daraus resultierenden Magen-Darm-Problemen) sein.

Die Leber ist für den Stoffwechsel und die Entgiftung endogener und exogener Substanzen von entscheidender Bedeutung. Zehn Prozent der Weltbevölkerung sind von Lebererkrankungen betroffen, darunter Hepatitis, Leberzirrhose, Fibrose, Fettleber, alkoholische Lebererkrankungen und medikamenteninduzierte Lebererkrankungen. Natürliche Pflanzen werden seit Jahrhunderten zur Behandlung von Lebererkrankungen eingesetzt und sind derzeit für verschiedene pathophysiologische Lebererkrankungen vielversprechend. Guyabano-Früchte werden häufig zur Behandlung verschiedener Lebererkrankungen, insbesondere Gelbsucht, verwendet.

Das Vorhandensein von Glucosiden in Guyabano-Früchten verringerte den Bilirubinspiegel durch Umwandlung in Glucuronsäure, die zur Ausscheidung mit Bilirubin konjugiert. In ähnlicher Weise könnten Phytochemikalien im Extrakt als Regulatoren wirken, um die Aktivität von Enzymen und Transportern zu erhöhen und dadurch die Aktivität des Weges zu erhöhen, der an der Klärung von Bilirubin beteiligt ist. Diese Ergebnisse bestätigen die traditionelle Verwendung von Guyabano-Extrakten gegen Gelbsucht und zeigen ihre potenzielle hepatoprotektive Funktion. Die im Guyabano-Extrakt enthaltenen antioxidativen Bestandteile können auch eine wichtige Rolle beim Magenschutz spielen.

Diabetes (Hyperglykämie) wird als stille tödliche Krankheit angesehen, die eine Folge eines hohen Blutzuckerspiegels aufgrund mangelnder Insulinproduktion oder eines Überschusses und einer Insulinresistenz ist. Unbehandelt verursacht Diabetes Schäden an Nerven, Augen und inneren Organen, was häufig zu Koronarkomplikationen führt und in späteren Stadien eine Amputation der Gliedmaßen erfordert. Es gibt jedoch viele natürliche Möglichkeiten zur Behandlung und Kontrolle des Insulinspiegels, einschließlich pflanzlicher Produkte wie Guyabano, die Sekundärmetaboliten wie Flavonoide, Tannine und Triterpenoide enthalten, die einen direkten Einfluss auf die Glucosidase-Aktivität haben. Es wurde auch gezeigt, dass die Frucht von Guyabano den glykämischen Index und die glykämische Belastung senkt, was ihr antihyperglykämisches Potenzial bestätigt.

Abstinenz von Koffein, Alkohol und Junk Food kann Sie gesund halten, aber Sie sollten frische Früchte wie Guyabano in Ihre Ernährung aufnehmen. Wenn Sie gerne eine rein pflanzliche Diät machen und Apfel, Beeren, Nüsse, grünes Gemüse und dergleichen einschließen, stärken Sie damit auch Ihr Immunsystem. Sport und die Kombination gesunder Nahrungsmittel können Ihnen helfen, fit und gesund zu sein. Interessanterweise kann die

Guyabano-Frucht auch den Blutzuckerspiegel nach einer Mahlzeit regulieren. Die Phenole in Guyabano hemmen die Enzyme, die für die Erhöhung des Blutzuckerspiegels verantwortlich sind, und halten so die Glukose des Körpers auf einem normalen Niveau.

Eine Studie berichtet auch, dass der Extrakt aus den Blättern des Guyabano auch das Wachstum von Pankreaszellen fördern kann. Diese Zellen sind für die Produktion von Insulin verantwortlich, was wiederum dazu beiträgt, das Gleichgewicht des körpereigenen Glukosespiegels aufrechtzuerhalten. Darüber hinaus können Menschen mit hohem Bluthoch- druck oder Typ-2-Diabetes auch von den in Guyabano enthaltenen Phenolverbindungen profitieren. Abgesehen von der Hemmung von Enzymen, die mit diesen Zuständen zusammenhängen, stimulieren die in Guyabano vorhandenen Phenole die Aufnahmefähigkeit des Körpers für Insulin. Menschen mit Diabetes können definitiv den zusätzlichen Insulinschub nutzen, um ihren Zustand zu bekämpfen.

Einer der interessantesten gesundheitlichen Vorteile des Guyabano ist seine Fähigkeit, möglicherweise Schlaflosigkeit zu behandeln. Guyabano-Produkte werden seit vielen Jahrhunderten als Mittel zum Stressabbau eingesetzt. Die entzündungshemmenden Eigenschaften von Guyabano können helfen, Stresshormone zu regulieren, die die natürlichen Stoffwechselzyklen des Körpers behindern. Folglich kann Guyabano-Tee helfen, Angstzustände zu reduzieren und gleichzeitig den Schlaf zu induzieren. Allerdings können Menschen mit Schlaflosigkeit stark von den beruhigenden Eigenschaften des Guyabano-Tees profitieren.

Sie können die Samen der Guyabano-Frucht zu einem Pulver pulverisieren, das dann zu einem adstringierenden Hautmittel formuliert werden kann. Dies hilft Ihnen, Linien und Falten zu reduzieren und das Auftreten von Altersflecken und Hautunreinheiten zu verbessern. Tragen Sie diese Paste topisch häufig auf die betroffenen Stellen auf und spüren Sie, wie das Leuchten auf Ihrer Haut zurückkehrt. Darüber hinaus schützt es Ihre Haut vor bakteriellen und parasitären Erkrankungen. In Bezug auf die Schmerzlinderung wird Guyabano seit Generationen bei Wunden und Verletzungen angewendet. Darüber hinaus wirkt es jedoch intern, um Schmerzen zu lindern und die Genesung zu beschleunigen. Die beruhigenden und entzündungshemmenden Facetten dieser beeindruckenden tropischen Frucht machen sie zu einer idealen Lösung für alle Arten von Körperschmerzen, sowohl drinnen als auch draußen.

Fazit

Die Guyabano-Frucht wird seit langem als Naturheilmittel für viele Krankheiten eingesetzt. Und jetzt scheint es auch ein natürlicher Krebszellenkiller zu sein. Das wachsende Interesse an den gesundheitlichen und medizinischen Eigenschaften von Guyabano-Früchten zeigt sich in der großen Anzahl unabhängiger Websites, die die vorteilhafte Verwendung von Guyabano fördern und / oder sich dem Verkauf von Früchten, Blättern, Arzneimitteln und anderen Produkten aus Guyabano widmen. Weitere Guyabano-Produkte (Blätter, Früchte usw.) können im VIT-CELLA-Online-Shop (www.vitcella.de) zu sehr günstigen Preisen erworben werden. Derzeit bietet dieser Online-Shop 3% Rabatt auf jeden Kauf von Guyabano-Produkten unter Verwendung des Gutscheincodes: TVOGCPCQROZ8.

KAPITEL DREI

Wachstum und Entwicklung von Guyabano

Der Guyabano-Baum ist ein niedrig verzweigter und buschiger, aber schlanker Baum, der eine Höhe von 7-9 m erreichen kann. Die großen immergrünen Blätter sind glatt und glänzend und haben eine dunkelgrüne Oberseite. Die Früchte sind normalerweise oval oder herzförmig. Die Schale der Früchte ist ledrig und mit gebogenen, weichen, biegsamen Stacheln bedeckt. Wenn die Spitzen dieser Stacheln leicht abbrechen können, ist die Frucht reif genug, um sie zu essen. Das Innere der Frucht ist cremefarben und in Segmente unterteilt. Eng gepackte Segmente sind kernlos und andere Segmente haben einen einzigen ovalen, glatten, harten schwarzen Samen. Ein Stück große Frucht kann ein Dutzend bis 200 Samen oder sogar mehr enthalten. Im VITCELLA Online Store (www.vitcella.de) können Sie 100% reine Guyabano-Produkte zu einem sehr günstigen Preis kaufen. Wenn Sie Guyabano-Produkte kaufen, erhalten Sie einen Rabatt von ca. 3%, wenn Sie einfach diesen GUTSCHEIN-Code eingeben: TVOGCPCQROZ8.

Der Guyabano-Baum ist ein tropischer Baum, der in den wärmsten tropischen Gebieten Nord- und Südamerikas, Europas, im Amazonasgebiet und in Asien vorkommt. Die Rinde, Blätter, Früchte, Wurzeln und Fruchtsamen des Guyabano-Baumes haben eine lange Geschichte in der medizinischen Verwendung. Die Blätter des Guyabano-Baumes werden in Westindien und den peruanischen Anden als Beruhigungsmittel und Schlafmittel verwendet, wenn sie als Tee getrunken werden. Diese Infusion wird auch zur Schmerzlinderung oder für krampflösende Zwecke verwendet. Eine Mischung aus Guyabano-Blättern, die dem Badewasser zugesetzt wird, kann helfen, Fieber zu senken, indem die Körpertemperatur gesenkt wird. Ein Umschlag mit jungen Guyabano-Blättern kann Hautausschläge wie Ekzeme, Mundgeschwüre oder Herpes heilen und Rheuma lindern, indem er auf die betroffene Stelle aufgetragen wird. Aufgrund seiner antibakteriellen Eigenschaften kann es auch Wunden mit geringerer Narbenbildung behandeln. Es hilft auch, den Blutdruck zu senken, steigert die Energie und beugt Depressionen vor.

Die Wurzeln und die Rinde des Guyabano-Baums können bei Diabetes hilfreich sein, aber auch als Beruhigungsmittel verwendet werden. Wie Sie sehen können, gibt es viele Verwendungsmöglichkeiten für den Guyabano-Baum. Dies sind nur einige Möglichkeiten, wie der Guyabano-Baum Ihrer Gesundheit helfen kann. Neben all diesen Anwendungen scheint es jetzt auch gegen Krebs zu helfen, der im Vordergrund steht. Forschungen haben viele biologisch aktive Verbindungen im Guyabano-Baum gefunden, und eine dieser Verbindungen kann Krebszellen zerstören. Krebs ist die zweithäufigste Todesursache weltweit.

Bei über 10 Millionen Patienten wird jährlich Krebs mit einer hohen Todesrate diagnostiziert. Der rasche Anstieg von Krebs ist sowohl auf eine alternde als auch auf eine wachsende Bevölkerung zurückzuführen, zusammen mit Karzinogenen, Infektionen, genetischen Mutationen, Hormonen, Immunerkrankungen und der Übernahme von Verhaltens- und Ernährungsrisikofaktoren wie Rauchen, ungesunder Ernährung, körperlicher Inaktivität und Umweltschadstoffe. Wenn man eine Guyabano-Frucht vom Baum pflückt, sollte man nur reifen Guyabano ernten. Es ist in seiner Reife, wenn die Hautfarbe glänzend grün oder gelblichgrün ist und die Ähren weit voneinander entfernt sind.

Früchte, die vorzeitig gepflückt werden reifen zwar nach, haben aber eine schlechte Qualität. Vollreife Früchte reifen drei bis fünf Tage nach der Ernte nach. Beim Umgang mit Guyabano-Früchten ist besondere Vorsicht geboten, da sie durch die zarte Haut leicht verletzt werden können. Es wird empfohlen, die reifen Früchte nur zwei bis drei Tage im Kühlschrank zu lagern. Die Kühlung von Guyabano-Produkten ist ein sehr wichtiger Punkt, damit sie nicht innerhalb weniger Tage bereits verdorben sind. Es ist allgemein bekannt, dass schlechte Lagerung in Verbindung mit nicht gekühlten Räumen zu schnellem Verderben der Früchte führt.

Wie wird Guyabano kultiviert?

Guyabano ist der dürretoleranteste der Annonas und bevorzugt gut durchlässige Böden. Die Pflanze wird normalerweise aus Samen kultiviert und wächst gut in warmen Klimazonen mit hoher Luftfeuchtigkeit. Die Samen sollten in Wohnungen oder Behältern ausgesät und feucht und schattiert gehalten werden. Ausgewählte Arten können durch Stecklinge oder durch Knospen des Schildes reproduziert werden. Der Guyabano-Baum ist sehr anfällig für Frost und Wind. Das flache Wurzelsystem profitiert stark vom reichlichen Mulchen. Hohe Temperaturen von 26 ° C bis 32 ° C und niedrige (30%) relative Luftfeuchtigkeit können Bestäubungsprobleme verursachen, während eine niedrigere Temperatur die Bestäubung verbessert.

Samen können auf dem Feld gepflanzt und später bei Bedarf nachgearbeitet werden. Normalerweise werden Samen zur Vermehrung von Guyabano verwendet, aber die Vermehrung kann auch ungeschlechtlich durch Markieren, Pfropfen und Knospen erfolgen. Es kann auf jeder Art von Boden wachsen, aber um eine gute Fruchtbildung zu erzielen, wird lockerer und gut durchlässiger Boden am besten empfohlen. Guyabano verzweigt sich frei durch die Entstehung von sylleptischen Trieben. Das Verlängerungswachstum kann zu jeder Jahreszeit erfolgen und verläuft relativ stetig. Es gibt keine auffälligen Blütezeiten. Das Auftreten von Blütenknospen folgt dem Verlängerungswachstum. Die Position der Blüten - hauptsächlich endständig bei kurzen Trieben und irgendwo entlang der Achse langer Triebe - legt nahe, dass sie endständig initiiert werden, wobei das Meristem in eine seitliche Position gedrückt wird, wenn das Verlängerungswachstum des Triebs wieder aufgenommen wird.

Wenn es eine Trockenzeit gibt, führt dies zu einem synchronen Sprosswachstum und einer synchronen Blüte, was drei Monate später zu einem Erntespitzenwert führt. Die Synchronisation geht jedoch im Verlauf der Regenzeit allmählich verloren. Annona-Arten benötigen im Allgemeinen 27-35 Tage für die Entwicklung der Blütenknospen von der Initiation bis zur Anthese. Der Guyabano produziert das ganze Jahr über Früchte, aber die Spitzenproduktion in den meisten Gebieten erfolgt im Sommer und Frühherbst, manchmal mit einem sekundären Spitzenwert im Frühjahr.

Die natürliche Bestäubung in Guyabano ist komplex und führt in den meisten Fällen zu sehr geringen Fruchtansätzen und -erträgen, wobei die Wind- und Selbstbestäubung gering ist (1,5%). Die Blüten sind protandrisch, der Pollen wird abgeworfen, wenn sich die äußeren Blütenblätter gegen Abend öffnen. Die inneren Blütenblätter öffnen sich viel später und nur sehr geringfügig und lassen kleine Insekten zu, die vom Duft der Blüten angezogen werden. Vermutlich bewirken diese Insekten eine Kreuzbestäubung, wenn auch nur unzureichend, da nur wenige Blüten Früchte setzen und viele Früchte unförmig sind, da zahlreiche Eizellen nicht befruchtet werden. Diese Nitidulidkäfer (Carpophilus und Uroporus spp.) werden als wichtige Bestäuber angesehen, obwohl in einigen Fällen keine signifikante Wirkung aufgrund ihrer Anwesenheit beobachtet wurde. Diese Käfer brüten sehr schnell in den Resten von Früchten, daher wird empfohlen, verrottende Früchte als Lockstoff beizubehalten.

Krankheiten und Haustiere, die Guyabano-Früchte betreffen könnten.

Wie jeder andere Obstbaum muss Guyabano sorgfältig gepflegt werden, da er anfällig für Angriffe durch eine Reihe von Schädlingen wie Wurzelmaden, mehligen Käfern, Zimmermannsmottenlarven, Schuppeninsekten, orientalischen Fruchtfliegen und Nestbauameisen ist und Krankheiten fangen kann wie Wurzelfäule, Anthracnose und Rostkrankheit. Anthracnose durch Glomerella cingulata ist die schwerwiegendste Krankheit auf Guyabano, insbesondere in Gebieten mit hohem Niederschlag und hoher Luftfeuchtigkeit sowie während der Regenzeit in trockenen Gebieten. Diese Krankheit führt zum Absterben der Zweige, zur Entlaubung, zum Fallenlassen von Blumen und Früchten. Bei reifen Früchten verursacht die Infektion eine schwarze Läsion. In südamerikanischen Ländern sind Cerconota-Motte (Cerconota anonella) und Bephrata-Wespe Hauptschädlinge. Diese Schädlinge schädigen die Früchte stark. Andere allgemeine Krankheiten und Schädlinge, von denen die Guyabano betroffen sein kann, sind wie folgt:

Wurzelmaden: Diese Insekten greifen die Wurzeln an und verursachen im Vorstadium das Welken der gesamten Pflanzen. Maden können durch Durchnässen mit Chlordan an der Basis des Baumes kontrolliert werden.

Mehlige Käfer: Diese Käfer saugen den Saft junger Blätter und Früchte. Angegriffene Blätter werden gelb und die Guyabano-Pflanze verkümmert im Wachstum. Diese Insektenschädlinge können durch Sprühen von Malathion, Methylparathion oder Azodrin in der vom Hersteller empfohlenen Dosierung bekämpft werden.

Zimmermannsmottenlarven: Sie bohren sich in den inneren Teil des Holzes, wo sie fressen und wachsen. Der Schaden kann durch Sammeln und Verbrennen von befallenen Zweigen verringert werden.

Schuppeninsekten: Diese Insekten ernähren sich häufig von der Unterseite der Blätter und saugen den Saft, wodurch die Blätter austrocknen. Diese Schädlinge können bekämpft werden, indem der Baum auch mit Malathion besprüht wird.

Orientalische Fruchtfliege: Die Made frisst das Gewebe der Frucht auf, was zum Verfall führt. Das Absacken der Früchte kann dazu beitragen, Schäden durch Fruchtfliegen zu reduzieren. Kalingag-Pulver kann verwendet werden, um mit Insektiziden vermischte Fruchtfliegen anzuziehen und die Insekten abzutöten.

Wurzelfäule: Es infiziert und verursacht den Verfall der Wurzeln, was schließlich zum Zusammenbruch und Tod des Baumes führt. Die Krankheitsbäume sollten gefällt und verbrannt werden.

Rostkrankheit: Lässt Äste zusammenbrechen und sterben. Das Vorhandensein dieser Krankheit äußert sich in einem Pilzwachstum auf infizierten Stellen. Die Krankheit kann durch Sammeln und Verbrennen infizierter Zweige und Blätter, sowie durch Besprühen des Baumes mit Kupferfungizid bekämpft werden.

Anthracnose: Blumen und Früchte können vom Anthracnose-Pilz befallen sein und fallen. Diese Krankheit kann durch Besprühen des Baumes mit Fungiziden wie Maneb, Captan oder Vitigran Blue bekämpft werden. Der gleiche Pilz kann auch Sämlinge und Triebe tragender Bäume schädigen.

Nach der Auflistung aller Krankheiten und Haustiere, die von Guyabano-Früchten betroffen sind, ist es auch wichtig, uns daran zu erinnern, dass der Online-Shop von VITCELLA (www.vitcella.de) 100% hochwertige Guyabano-Produkte verkauft. Alle Produkte sind ohne irgendwelche Zusatz- und Konservierungsstoffe, sondern reine Naturprodukte. Guyabano wird nach der

Ernte geschält, entkernt, portioniert und schockgefroren und unter strikter Einhaltung der Kühlkette ausgeliefert

KAPITEL VIER

Wie können Guyabano-Früchte verarbeitet und konsumiert werden?

Sie können Guyabano-Früchte auf viele verschiedene Arten verwandeln, je nachdem, wonach Sie suchen. Wenn Sie nicht in der Stimmung sind, Rezepte auszuprobieren, teilen Sie es einfach in zwei Hälften und genießen Sie es mit einem Löffel. Sie können versuchen, die Früchte in dem Moment, in dem sie reifen, roh zu essen, jedoch müssen Guyabano-Früchte unmittelbar nach der Ernte schnell eingefroren werden, um ihren Reichtum an Nährstoffen und deren hohe Qualität zu erhalten. Sie können aus dieser Frucht auch aromatisiertes Eis, Sorbets, Süßigkeiten und Torten, Shakes und verschiedene Getränke herzustellen. Guyabano hat einen etwas sauren Geschmack, vielleicht heißt es deshalb Soursop. Trotzdem bringt die Säure auch viele Vorteile für den Körper. Nachfolgend finden Sie detailliertere Verfahren, Konservierungen und den Verzehr von Guyabano-Früchten:

Guyabano-Saft: Nach dem Waschen von gesunden reifen Früchten werden sie 3-4 Minuten in kochendem Wasser blanchiert. Sie werden in Wasser gekühlt, geschält und ihr innerer Kern entfernt. Sie werden in 5 cm große quadratische Stücke geschnitten. Eine Tasse Wasser wird zu 1 Tasse Obst gegeben, das 3 Minuten lang auf 800 ° C erhitzt wurde oder bis das Obst weich genug ist, um den Saft zu pressen. Der Saft wird heiß durch einen Musselinbeutel gepresst. Der Saft aus dem Rückstand wird zum zweiten Mal mit der gleichen Menge Wasser extrahiert. Die zwei Extrakte werden gemischt und Zucker wird nach Geschmack hinzugefügt. Der Saft wird in Gläser gegossen und erschöpft, bevor er auf 820 ° C (ca. 15 Minuten nach dem Kochen) versiegelt wird. Das Gefäß wird sofort verschlossen, 10 Minuten in kochendem Wasser sterilisiert, abgekühlt und gelagert.

Guyabano-Bonbons: Reife Guyabano-Früchte, die mit einem Edelstahlmesser auf eine Dicke von ca. 1 cm geschnitten und sofort in Wasser eingeweicht wurden, um Verfärbungen zu vermeiden. Es wird 10 Minuten in Sirup (2 Teile Zucker auf 1 Teil Wasser) gekocht und 1 Woche in Sirup eingeweicht und 5 Minuten täglich gekocht. Es wird über einem langsamen Feuer gekocht, bis Sirup zuckerhaltig wird. Es wird aus dem Feuer genommen, vom Zucker getrennt, abgekühlt und einzeln in Zellophan eingewickelt.

Guyabano-Marmelade: Die vollreifen, gesunden Früchte werden geschält und ihre Samen werden entfernt. Zu jeder Tasse Obst wird eine gleiche Menge Zucker hinzugefügt und die Mischung wird zu Marmeladenkonsistenz gekocht. Es wird heiß in ein Einmachglas gegossen. Nach dem Entfernen der Blasen wird das Gefäß zur Hälfte versiegelt, 25 Minuten in kochendem Wasser sterilisiert und vollständig versiegelt.

Guyabano-Gelee: Gründlich reife Früchte werden gespült und in Scheiben geschnitten, wobei Haut und Samen erhalten bleiben. Es wird in eine Pfanne mit genügend Wasser zum Abdecken gegeben und unter ständigem Rühren weichgekocht. Es wird aus dem Feuer genommen und durch ein doppeltes Käsetuch geführt. Der Extrakt wird ins Feuer zurückgebracht, gekocht, bis das gesamte Gedränge aufgegangen ist, und erneut abgesiebt. 1 Esslöffel für jede Tasse. Calamansi-Saft wird hinzugefügt und die Mischung wird erneut gekocht. Zu dem kochenden Saft wird 1 Tasse heißer gelöster Zucker gegeben und die Mischung wird gekocht, bis sie auf einem Löffel aushärtet und dabei alles aufsteigende Scrum entfernt.

Guyabano-Saftkonzentrat: Vollreife, gesunde Früchte werden gründlich mit Reinigungsmittel gewaschen und sorgfältig in Wasser gespült. Sie werden in Hälften geschnitten und die Haut und Samen werden entfernt. Zwei Tassen Wasser werden zu 1 Fruchtfleisch gegeben, die Mischung wird gemischt, um die Saftgewinnung zu erleichtern, und durch einen Musselin-Stoffbeutel gesiebt. Der klare Saft ist konzentriert. Der Saft wird durch Zugabe von frisch zubereitetem Saft auf 160 ° C erhitzt. Während der Pasteurisierung wird 50 mg / cm^3 Ascorbinsäure zugesetzt, um die normale Oxidationsbräunung bei der Lagerung zu verzögern. Das angereicherte Konzentrat wird 5 Minuten bei 850 ° C pasteurisiert, heiß in zuvor sterilisierte Dosen gefüllt, vollständig versiegelt und 10 Minuten in kochendem Wasser verarbeitet. Dosen werden sofort in fließendem Wasser abgekühlt und trockengewischt.

Guyabano hat die einzigartige Auszeichnung, die einzige Art der Gattung Annona zu sein, die verarbeitet und konserviert werden kann. Das klingt besser als Versuche, es roh zu essen. In den Tropen ist Guyabano vor allem für seine Getränke bekannt. Es gibt Champola in Brasilien und Karato in Puerto Rico. Wenn Sie versuchen möchten, Säfte und Getränke zu mischen, stellen Sie sicher, dass alle Samen aufgrund ihrer etwas giftigen Natur entfernt werden. Nach der Aussaat können Sie Ihren Saft gut durch ein Käsetuch drücken und mit Zutaten nach Ihrem Rezept vermengen.

Wie man Guyabano Obst genießt

Trotz seiner langen Geschichte in der Welt gilt der Guyabano für viele immer noch als exotische Frucht. Dies bedeutet jedoch nicht, dass es schwierig ist, die Guyabano-Frucht zu genießen. Sein reichhaltiger und ausgeprägter Geschmack ist leicht zu mögen und dank seiner cremigen Textur ist es einfach, Guyabano in Mahlzeiten und Desserts zu integrieren. Um den Guyabano in vollen Zügen genießen zu können, müssen einige Regeln befolgt werden. Das erste ist, vollreifen Guyabano zu pflücken. Wenn Sie die Früchte roh essen, schneiden Sie sie einfach der Länge nach und entnehmen Sie mit einem Löffel das Fruchtfleisch von der Schale. Es ist wichtig, **die Samen** des Guyabano **zu meiden**, da er schädliche Bestandteile wie Neurotoxine und Annonacin enthält, die angeblich die Parkinson-Krankheit verursachen.

In anderen Ländern wird es auf verschiedene Arten als Eis und andere Desserts serviert. In seinem unreifen Zustand tritt der Guyabano aber auch als Gemüse oder in Suppe in Indonesien auf. In Teilen Brasiliens wird Guyabano geröstet genossen. Der Saft der reifen Frucht soll harntreibend sein und in verschiedenen Behandlungen verwendet werden, einschließlich bei Hämaturie und Urethritis. Die Verwendung der Wurzeln des Guyabano hat auch viele Verwendungszwecke, wie die Behandlung von Würmern und Darmparasiten und der Wurzelrinde, die ein Gegenmittel gegen Vergiftungen ist. Es wird angenommen, dass Guyabano-Blüten Katarrh lindern. Ein Abkochen von Blättern wird verwendet, um Wanzen und Kopfläuse abzutöten. Es wird auch angenommen, dass der Saft der Blätter auch in Verbindung mit einem Umschlag zur Linderung von Schwellungen verwendet werden kann.

Alternative Behandlung für Krebs und andere Krankheiten.

Traditionell wurde eine fettarme Diät verschrieben, um verschiedene Krankheiten wie Herzkrankheiten und Diabetes zu verhindern. Während Studien gezeigt haben, dass fettreiche Diäten das Risiko für bestimmte Krankheiten wie Krebs und Diabetes erhöhen können, scheint es, dass eher die Art des Fettes zählt als die Menge an Fett. Wir wissen jetzt, dass eine Ernährung, die reich an einfach ungesättigten Fetten ist, wie sie in Olivenöl, Nüssen und Samen enthalten sind, tatsächlich vor vielen dieser chronischen Krankheiten schützt. Brustkrebs ist die häufigste Krebsart in westlichen Ländern.

Während eine fettreiche Ernährung in direktem Zusammenhang mit einer höheren Krebsinzidenz steht, können einige Arten von Fetten tatsächlich eine schützende Rolle gegen die Entwicklung dieser Tumoren spielen. Dies ist der Fall bei nativem Olivenöl, das reich an Ölsäure ist, einer einfach ungesättigten Fettsäure, und mehrere bioaktive Verbindungen wie Antioxidantien enthält. Eine moderate und regelmäßige Einnahme von nativem Olivenöl, die für die Mittelmeerdiät charakteristisch ist, ist mit einer geringen Inzidenz spezifischer Krebsarten, einschließlich Brustkrebs, sowie einer Schutzfunktion gegen Herzkrankheiten und andere Gesundheitsprobleme verbunden.

Sie können Guyabano-Früchte durch Cherimoya-Pflanzen ersetzen, eine beliebte Alternative, die online und in einigen Lebensmitteln erhältlich ist. Cherimoya-Früchte schmecken ähnlich wie Guyabano-Früchte, da sie aus derselben Familie stammen und einen vergleichbaren Nährwert bieten. Cherimoya hat jedoch nicht das volle Potenzial zur Krebsbekämpfung wie Guyabano oder die gleichen entzündungshemmenden Eigenschaften.

Da bekannt wird, dass viele Krebsarten mit Nährstoff- und Antioxidationsmängeln zusammenhängen, die zu einem geschwächten Immunsystem führen, das dazu führt, dass der Körper keine freien Radikale abwehren kann, die es den Zellen ermöglichen, zu Krebszellen zu mutieren. Während Bestrahlungs- und Chemotherapie-Behandlungen Krebs verlangsamen und eine Remission ermöglichen können, wird der Krebs nicht beseitigt, so dass der Krebs nicht geheilt wird. Weltweit laufen zahlreiche Studien zu Guyabano und anderen Amazonas-Regenwaldpflanzen hinsichtlich ihres Potenzials zur Heilung von Krebs. Es gibt viele andere Pflanzen aus dem Amazonas-Regenwald, die für ihre Unterstützung des Immunsystems bekannt sind, wie Acai Berry, Granatapfel und andere. Guyabano ist eine der vielversprechendsten natürlichen Lösungen zur Abtötung bösartiger Krebszellen.

Granatapfel.

Es gibt nur wenige Früchte, die einen süßen Geschmack haben und auch gut für die Gesundheit sind. Granatapfel ist eine solche Frucht, die nicht nur köstlich ist, sondern auch die lebenswichtigen Mineralien und Vitamine enthält, die ein menschlicher Körper benötigt. Es enthält überdurchschnittlich viele Mineralien und Vitamine mit starken antioxidativen Eigenschaften. Diese Nährstoffe sind viel konzentrierter. Diese Frucht ähnelt einem Apfel, aber die Samen dieser Frucht sind voller Nährstoffe und nicht wie die Apfelsamen. Granatapfelfrüchte sind eine gute Quelle für Polyphenole, Panthothensäure, Phytosterole, Ellagsäure, Chlorogensäure, Zucker, Stärke, Kalium, Vitamin B, Vitamin C und viele mehr.

Rinde, Blätter, Blüten und Früchte des Granatapfels wurden verwendet, um die Anzahl der Erkrankungen in der Antike zu behandeln. Blätter und Granatapfelrinde werden bei Durchfall und Verdauungsproblemen eingesetzt. Aus Rinde und Blättern dieser Pflanze zubereiteter Tee kann helfen, Ihre Verdauungssymptome zu lindern. Die regelmäßige Einnahme von Granatapfelsaft verhindert Herzerkrankungen und beugt so Schlaganfällen, Gesundheitsattacken und Herzerkrankungen vor.

Granatapfel kehrt die frühere Ablagerungen in den Arterien um, die mit dem Verstopfen des Herzens verbunden sind, oder verhindert diese von vornherein. Granatapfelsaft kommt dem Herzen zugute, da er das Blut dünner macht und einen guten Fluss zum Herzen fördert. Es senkt auch die LDL-Oxidationsniveaus im Blut und erhöht die "guten" Cholesterinspiegel des Herzens. Einige Ärzte weisen auch darauf hin, dass Granatapfel als Gesundheitsgetränk eingenommen werden kann, aber das bedeutet nicht, dass normaler Granatapfelsaft Herzkrankheiten vorbeugt.

Weitere Vorteile von Granatapfelsaft sind extreme Antioxidantien, die Rotwein, grünem Tee und lila Trauben ähneln. Es ist bekannt, dass der Saft Brust-, Lungen- und Prostatakrebs bekämpft. Die regelmäßige Einnahme von Granatapfelsaft trägt positiv zur Gesundheit der Haut bei. Granatapfel wirkt auch als Inhibitor auf jene Enzyme, die für den schädlichen Körperknorpel verantwortlich sind, der wiederum zu Arthrose führt. Granatapfel ist lecker und macht auch als Frucht Spaß. Diese gesunde Frucht wurde auch in Nahrungsergänzungsmittel für diejenigen umgewandelt, die die Frucht nicht jeden Tag vom Markt bekommen können. Der tägliche Verzehr von Granatapfelsaft zeigt signifikante und vielversprechende gesundheitliche Vorteile.

Açaifrucht.

Acai-Beeren sind eine Frucht, die auf Acai-Palmen wächst, die nur in den Amazonas-Regenwäldern wachsen. Acai war es gelungen, seine Vorteile auf der ganzen Welt zu verallgemeinern. Acai steigert Ihre Energie und Ausdauer. Über Jahrhunderte hinweg wurde Acai von Stämmen und Kämpfern des Amazonas konsumiert. Sie betrachteten Acai als eine Kraft, die Früchte lieferte, die ihnen während Kriegen und Krankheiten halfen.

Die Vorteile von Acai-Beeren reichen von physisch bis psychisch und sind bei denjenigen beliebt geworden, die sich besonders für ihre Ernährung interessieren. Dies liegt daran, dass es ein Antioxidans mit wunderbaren Vitamin- und Mineralstoffvorteilen ist, das anderen Beerenfrüchten seiner Klasse fehlt. Es ist daher die Beerenfrucht der Wahl für viele Gesundheits- und Fitness-Gewichtsbeobachter geworden. Es gab auch Forschungen, die die Aai-Beerenfrucht mit der Fähigkeit verbunden haben, Krebs erfolgreich zu bekämpfen.

Die Acai-Beere kommt Sportlern zugute und steigert ihre Energie und Ausdauer während des Trainings, sowie des Wettkampfs. Nährstoffreiches Acai hilft dabei, Ihr Energieniveau hoch zu halten. Acai ist die beste Frucht, die nicht nur Kraft spendet, sondern auch Ihr Immunsystem stärkt. Ihr Immunsystem schützt Sie vor ansteckenden Krankheiten und Krankheitserregern wie Bakterien, Parasiten und Viren. Infektionskrankheiten können vermieden werden, indem das Immunsystem gestärkt wird, das Mechanismen wie Zellen, Gewebe usw. verwendet, um Infektionen und Krankheitserreger zu bekämpfen.

Sowohl Senioren als auch Jugendliche können die Vorteile der Acai-Beeren abonnieren. Senioren können sein Potenzial als Mittel zur Verlangsamung des Alterungsprozesses nutzen, während Jugendliche es für eine Vielzahl von Anwendungen einsetzen können, die von der Heilung von Bluthochdruck bis zur Steigerung der sexuellen Leistungsfähigkeit reichen. Es kann auch gesagt werden, dass seine Fähigkeit, fast sofort verdaut und absorbiert zu werden, einer der größten Vorteile von Acai-Beeren ist. Acai-Beeren können auf verschiedene Arten eingenommen werden, als Saftmischungen, Energy-Drinks, Limonaden und andere Arten von Getränken. Sie können Acai auch während der Zubereitung Ihrer Mahlzeiten verwenden.

Mit Bedacht wählen.

Acai Berry, Guyabano, Granatapfel. Nur einige der unglaublich wunderbaren Kreationen der Welt, die uns helfen können, unser Wohlbefinden zu verbessern. Ist es nicht großartig, dass Mutter Natur uns ihren Segen in Form von Früchten gegeben hat, um uns bei der Überwindung dieser Krankheit namens Krebs zu helfen? Diese drei Früchte können, obwohl sie in hohem Maße mit der Vorbeugung oder Linderung des Leidens von Krebspatienten auf der Welt verbunden sind, auch auf andere Weise als nur in Bezug auf unsere Gesundheit helfen. Jedes Jahr entdecken Wissenschaftler etwas Neues in der Natur, um unser Leben leichter zu machen.

Krebs kann heutzutage eine sehr teure Krankheit sein. Es erfordert viele herausfordernde und teure Behandlungen, um geheilt zu werden. Es gibt jedoch viele Ressourcen, die Menschen gefunden haben, die dazu beitragen können, den Preis für jede Krebsbehandlung zu senken oder vollständig zu senken. Überall werden viele alternative Krebsbehandlungen angeboten. Sie müssen lediglich einen Arzt aufsuchen und mithilfe des Internets finden Sie schließlich den Weg zu einem krebsfreien Leben.

Wir haben früher entdeckt, dass Guyabano-Früchte einzigartige Antioxidantien enthalten, die gegen Krebs kämpfen können. Die Liste der Antioxidantien endet hier jedoch nicht. Guyabano ist reich an Phytonährstoffen, die noch mehr Antioxidantien enthalten. Um nur einige zu nennen: Verbindungen wie Flavonoide, Alkaloide, Tannine, Lactone und Cumarine kommen im Guyabano natürlich vor und alle sollen die Fähigkeit haben, verschiedene Krankheiten zu bekämpfen. Darüber hinaus legen mehrere Studien nahe, dass die im Guyabano enthaltenen Antioxidantien bei der Behandlung von Augenkrankheiten helfen können.

Laut dem National Eye Institute enthält die Guyabano-Pflanze Vitamin C und E, Zink und Beta-Carotin - all dies kann dazu beitragen, die Makuladegeneration um 25% zu reduzieren. Bestimmte entzündungshemmende und beruhigende Eigenschaften von Guyabano, die es sehr effektiv machen, wenn Sie unter übermäßigem Stress und Angstzuständen leiden. Stresshormone im Körper können schädlich sein und Ihre natürlichen Stoffwechselzyklen stören. Wenn Sie gegen irgendeine Art von Atemwegserkrankung kämpfen, können die entzündungshemmenden Eigenschaften von Guyabano dazu beitragen, Ihre Atemwege zu reinigen, Stauungen und Reizungen zu lindern. Guyabano wirkt teilweise als Expektorans und ist ein zuverlässiger Weg, um Schleim loszuwerden, wo viele Krankheitserreger leben können. Durch die Verringerung der Entzündung der Nasenhöhlen und Atemwege kann auch die Behandlung beschleunigt werden.

KAPITEL FÜNF

Die wirtschaftlichen Vorteile von Guyabano-Früchten.

In der Lebensmittelindustrie wird Guyabano in großem Umfang zur Herstellung von Gelees, Marmeladen, Eis, Süßigkeiten und Nektaren verwendet. Bemerkenswert ist, dass Guyabano während des Reifungsprozesses eine starke Verbindung synthetisiert, die ihm einen Puddinggeschmack und ein ähnliches Aroma wie die Frucht verleiht. Guyabano-Früchte werden häufig zur Behandlung von Fieber, zur Erhöhung der Nahrung bei stillenden Müttern und als Beizmittel für Magen-Darm-Erkrankungen wie Durchfall, Ruhr und Parasiteninfektion konsumiert.

Guyabano ist eine potenzielle Kulturpflanze mit unterschiedlichen wirtschaftlichen Verwendungszwecken. Naturgrüne Früchte werden als Gemüse und zur Herstellung von süßem Fleisch verwendet, während das reife aus der Hand oder als Dessert gegessen wird. Sein Saft wird zum Würzen von Eis, Sorbets, Konserven und zur Zubereitung erfrischender Getränke verwendet. Es kann auch Intro-Konserven, Süßigkeiten, Marmelade und Gelee verarbeitet werden. Guyabano besitzt auch einige medizinische Eigenschaften. Die Bäume können für die Landschaftsgestaltung und für Schatten verwendet werden.

Nebenwirkungen von Guyabano-Früchten

Trotz der guten Dinge, die über Guyabano gesagt wurden, sollte man die notwendigen Vorsichtsmaßnahmen treffen, bevor man es isst oder seine Teile für die Zubereitung verwendet. **Die Rinde** soll Alkaloide namens Anonain besitzen, die reich an Blausäure sind. Blausäure ist eine farblose Substanz, die als giftig gilt. Guyabano-Früchte enthalten Annonacin, von dem gezeigt wurde, dass es in vitro und in vivo für dopaminerge und andere Neuronen toxisch ist, und der Verzehr der Früchte ist mit einem erhöhten Risiko für die Entwicklung von Parkinson beim Menschen verbunden. Sie sollten den Verzehr von Guyabano-Früchten vermeiden, wenn eine der folgenden Bedingungen auf Sie zutrifft:

- Sie nehmen Medikamente ein, um den Bluthochdruck zu reduzieren, da diese Frucht nachweislich additive Wirkungen hat, wenn sie zusammen mit Medikamenten gegen dieses Gesundheitsproblem eingenommen wird.

- Bei Einnahme von Antidepressiva, da die Wirkung dieser Medikamente bei gleichzeitigem Verzehr von Guyabano verstärkt werden kann.

Guyabano und andere Früchte der Familie der Annonaceae enthalten eine Klasse von Neurotoxinen, die als Acetogenine bezeichnet werden. Diese Neurotoxine kommen auch in anderen Früchten dieser Familie vor, einschließlich der nordamerikanischen Papaya (Asimina triloba). Untersuchungen im Labor haben gezeigt, dass Verbindungen in Guyabano Bewegungsstörungen und Myeloneuropathie verursachen, eine Krankheit mit ähnlichen Symptomen wie die Parkinson-Krankheit.

KAPITEL SECHS

Fazit

Trotz bedeutender medizinischer und technologischer Entwicklungen bleibt Krebs eine der häufigsten Todesursachen in Deutschland, den USA und auf der ganzen Welt. Das Aufkommen moderner medikamentöser Therapien bei gleichzeitiger Verbesserung der Patientenprognose ist mit schwerwiegenden Toxizitäten und der Entwicklung von Resistenzen verbunden. Von Pflanzen stammende Verbindungen werden seit langem zur Vorbeugung und Behandlung verschiedener Krankheiten, einschließlich Krebs, verwendet. Das Buch hob die Bedeutung von Naturprodukten wie Guyabano-Früchten und ihre Wirksamkeit als Kandidat für eine Vielzahl von Behandlungen, insbesondere bei Krebs, hervor.

Verschiedene Pflanzenextrakte wie Guyabano, Granatapfel und Acai-Beere wurden alle als traditionelle Kräutermedizin verwendet und haben sich als breit gefächert erwiesen, darunter antioxidative, entzündungshemmende, antiarthritische, hepato-schützende, gastro-schützende, antidiabetische, Antimalariamittel, antibakterielle Mittel, Antiprotozoen, Insektizide, Larvizide und Wundbehandlung. Es ist auch interessant, dass der Extrakt dieser Pflanze einen bemerkenswerten Schutz gegen verschiedene bösartige Erkrankungen bietet, einschließlich Leukämie, Dickdarm-, Brust- und Prostatakrebs.

Sie können unreife, ganze Guyabona-Früchte bei Raumtemperatur lagern. Gereifte Früchte bleiben einige Tage im Kühlschrank. Die Guyabona-Frucht enthält sekundäre Pflanzenstoffe, die dazu beitragen können, die Gesundheit einer Person zu verbessern und möglicherweise Krankheiten vorzubeugen oder zu behandeln.

Guyabano und Krebs werden auch in den kommenden Jahren heftig umkämpft sein, und dies ist nicht verwunderlich, wenn man bedenkt, dass Krebs eine Krankheit ist, die die Existenz der Menschheit bedroht und die Pflanze den Schlüssel zur Behandlung und Linderung darstellt. Die Debatte hat nun begonnen, zu einem logischen Ergebnis zu gelangen, da es immer wieder Erkenntnisse gibt, die belegen, dass diese Pflanze für Krebspatienten unvergleichliche Vorteile hat.

Insgesamt ist Guyabano eine Frucht, die sicher zu essen ist. Es ist zweifellos eine Ernte, die Aufmerksamkeit verdient. Wenn eine Person jedoch eine Krebsbehandlung erhält, sollte sie mit ihrem Arzt über den Versuch von Arzneimitteln oder neuen Lebensmitteln sprechen, die mit ihren Medikamenten interagieren können. Schließlich bietet der VITCELLA Online-Shop alle Guyabano-Produkte an, die bei 100% Bio-Qualität günstiger sind. Schauen Sie sich diesen Online-Shop an und kaufen Sie eines Ihrer Guyabano-Produkte mit einem Rabatt von 3%. Verwenden Sie diesen Gutscheincode: TVOGCPCQROZ8. Zudem wird man Sie vorab gerne ausführlich beraten.